Paul Lindau

Molière in Deutschland

Paul Lindau

Molière in Deutschland

ISBN/EAN: 9783744637299

Hergestellt in Europa, USA, Kanada, Australien, Japan

Cover: Foto ©Andreas Hilbeck / pixelio.de

Weitere Bücher finden Sie auf **www.hansebooks.com**

Moliere in Deutschland.

Von

Paul Lindau.

Separatabdruck aus der „Internationalen Revue" Nr. 4

Wien,

Arnold Hilberg's Verlag.

1867.

Molière in Deutschland.

Es macht auf uns Deutsche immer einen eigenthüm-
lichen Eindruck, wenn wir sehen, wie von gebildeten, ein-
sichtigen Franzosen E. T. A. Hoffmann als einer der
hauptsächlichen Vertreter unserer Nationalliteratur hingestellt
wird: gewiß hätten aber auch die Franzosen vollauf Ursache,
sich über ähnliche Sonderbarkeiten, denen sie bei uns be-
gegnen könnten, höchlich zu verwundern. Wir gehen in der
Vertheilung von Lob und Tadel ziemlich willkürlich zu Werke;
die Bevorzugung, welche wir einzelnen Schriftstellern ange-
deihen lassen, die Vernachlässigung, unter welcher andere zu
leiden haben, stehen nicht immer in Einklang mit ihrem
wirklichen Werthe. Von allen französischen Dichtern ist es
aber gerade einer der größten, der wahrste und originellste,
über den das deutsche Urtheil selten gerecht, oft geradezu
ungerecht war — ist es gerade Molière, über den die

deutschen Literaten und Literarhistoriker mit kaum erklär=
licher Leichtfertigkeit zu einer sehr unmotivirten Tagesord=
nung übergegangen sind. Diese Eigenthümlichkeit datirt
nicht von gestern. Schon Lessing berührte die Molière'=
schen Dichtungen sehr oberflächlich, nur gelegentlich, ohne
seiner herrlichen kritischen Feder die Muße zu gönnen, bei
diesen Meisterwerken einen Augenblick zu verweilen. Schil=
ler, der Racine's „Phaedra" nachdichtete und einem schlech=
ten Picard'schen Lustspiele die Ehre der Uebersetzung erwies,
findet in seinen ästhetischen Aufsätzen auch nicht ein mal Ge=
legenheit, den Namen des großen französischen Dichters zu
nennen; ja man könnte im Ungewissen sein, ob Schiller
Molière's Werke überhaupt gekannt habe, ein Zweifel, der
durch das Schiller'sche Fragment „der Menschenfeind" we=
sentlich b:stärkt werden würde — wenn sich nicht zufällig
in einer seiner Dichtungen eine Stelle vorfände, welche be=
weist, daß unser poetischer „Friedrich der Große" nicht nur
die Lustspiele seines französischen Vetters von Apollo's Gna=
den, sondern auch dessen Grundsätze in Sachen des litera
rischen Eigenthums gekannt hat. „Je prends mon bien
partout où je le trouve" sagte Molière und ebenso ver=
fuhr Schiller, als er aus Molière's „gelehrten Frauen"
die beiden Verse:

„ . . . Ce n'est point du tout, la prendre pour modèle
„ . . . . . . que de tousser et de cracher comme elle"

drastisch und vortrefflich mit:

„Wie er räuspert und wie er spuckt,
„Das habt ihr ihm glücklich abgeguckt"

für sein „Lager" übersetzte.

Schlegel's kritische Verirrung in Sachen Molière's ist längst gerichtet. Zwar bin ich nicht der Ansicht des vortrefflichen Molière-Commentators Taschereau, der in seiner „Geschichte Molière's und seiner Werke", um eine Erklärung für Schlegel's unbegreiflich hartes Urtheil zu finden, die Behauptung aufstellt, daß wir Deutsche der Neuzeit Molière überhaupt nicht recht verstehen könnten, daß uns die „strahlenden Marquis, die Molière geißelt, ebenso falsch erscheinen müßten, wie die Goethe'schen Verse und die Namen seiner Helden den französischen Akademikern, die sie nicht aussprechen können, barbarisch und unharmonisch klingen"; Taschereau scheint sowohl seine eigenen Landsleute wie uns zu unterschätzen; die Aufsätze, welche z. B. Saint-Réné Taillandier in der „Revue des deux mondes" über die deutsche Literatur seit einer langen Reihe von Jahren veröffentlicht, beweisen zur Genüge, daß es auch in Frankreich ernste, denkende Kritiker gibt, für die der „barbarische Klang" unserer Sprache kein unüberwindliches Hinderniß bildet; und um uns Deutschen die Lächerlichkeit der großspurigen Marquis, die Berechtigung und Schwäche der Molière'schen Satire zu Gemüthe zu führen, bedarf es nicht einmal besonderer historischer Kenntnisse oder einer völligen Abstraction — dazu gehören nur ein paar gesunde Augen und ein guter Blick. Die Lauzun und de Guiche laufen heutzutage noch auf dem Pflaster unserer Residenzen schaarenweise herum; ihre fistelnde, lispelnde, näselnde Sprache, die Anmaßung ihrer Kritik, die Hohlheit ihres Wissens, das Eingenommensein von ihren kleinen Persönlichkeiten, der eitle Glanz ihres Auftretens, das Alles ist uns wohl bekannt und wir begreifen es wahrhaftig, wenn man diese Junker lächerlich macht.

Noch weniger kann ich mich mit Taschereau einverstanden erklären, wenn er dem Kritiker Dubois beipflichtet und mit diesem annimmt, daß Schlegel sich durch nationale Engherzigkeit zu den bekannten Unbilligkeiten gegen Molière habe verleiten lassen. „Vielleicht sind Schlegel's Aeußerungen deshalb nicht ganz unparteiisch," sagt Taschereau, „weil er glauben konnte, durch Erniedrigung des Genies von Racine und Molière sein Vaterland für die Unterdrückung durch Napoleon zu rächen." Man muß Schlegel herzlich schlecht kennen, um eine so ungerechtfertigte, thörichte Anklage wider ihn zu erheben. Und Gottlob haben wir Deutsche bei allen Schwächen die eine unbestreitbare Eigenschaft, auf dem geistigen Gebiete Kosmopoliten zu sein. Den Diplomaten bleibe es überlassen, für ihre Würdigungen die abgrenzenden Schranken der Nationalitäten in Betracht zu ziehen — auf der höheren Warte, im geistigen Verkehr verschwindet der buntbemalte Grenzstein und den Dichter, den Künstler heißen wir allwegs willkommen, ohne nach dem Paß zu fragen. Als der „Tannhäuser" vor einigen Jahren in Paris durchfiel, tobten auch die Thoren diesseits des Rheins: „Nationaler Groll!" Du lieber Gott, wer die „Grollen" in der großen Oper gesehen hat, der weiß, ob Wagner sein kurzes Mißgeschick der hohen Politik oder dem niedern Geschmacke zuzuschreiben hat. Gerade so verkehrt ist die Ansicht, daß Schlegel unsere nationale Schmach mit einer literarischen Unbill habe sühnen wollen — dafür hat Blücher gesorgt. Weshalb die Motive auf einem ganz fremden Gebiete suchen? Ist es nicht ungleich einfacher an-

zunehmen, daß Schlegel in der That an Molière's Dich=
tungen keinen Geschmack fand? Und über Geschmacksachen
läßt sich nicht streiten. Aehnlichen Wunderlichkeiten begegnet
man ja oft; man denke doch nur an Schiller's Ansichten
über Bürger, an Börne über Goethe, an Heine über
Platen 2c.

Goethe hat diese Scharte ausgewetzt. Er ist ein
aufrichtiger, ein großer Bewunderer des Molière und mehr=
fach nimmt er Anlaß dies auszusprechen. In der Kritik
über Taschereau's Werk sagt er z. B.: „Ernstlich beschaue
man den Misanthropen und frage sich, ob jemals ein Dich=
ter sein Inneres vollkommener und liebenswürdiger darge=
stellt hat"; und in den Eckermann'schen Gesprächen heißt
es: „Molière ist so groß, daß man immer von Neuem er=
staunt, wenn man ihn liest; ich lese alle Jahre einige
Stücke von ihm, sowie ich auch von Zeit zu Zeit die Kup=
fer nach den großen italienischen Meistern betrachte, denn
wir kleinen Menschen sind nicht fähig, die Größe solcher
Dinge in uns zu bewahren, und wir müssen daher immer
dahin zurückkehren, um solche Eindrücke in uns aufzufrischen."
Aber Goethe's Wort ist verhallt. Molière ist nicht in das
Herz des deutschen Volkes gedrungen, er ist selbst unserer
gebildeten Welt größtentheils nur oberflächlich bekannt —
dafür spricht die Thatsache, daß Jahre lang die fabelhafte=
sten Irrthümer über Molière durch Deutschland die Runde
machen konnten, ohne daß man denselben entgegengetreten
wäre, daß Jahre lang die lächerlichsten Zerrbilder als „Ueber=
setzungen" passiren durften, ohne daß sich die Stimme irgend
eines einigermaßen bedeutenden Kritikers mit gerechter Ent=
rüstung gegen diese Profanation erhoben hätte.

Ich will all den unbedeutenden Machwerken in diesem Augenblicke, da ihnen das verdiente Glück, vergessen zu sein, beschieden ist, nicht die Ehre erweisen, durch Nachweis ihrer Schwäche ihre Namen in das Gedächtniß der Leser zurückzurufen. Nur zwei warnende Beispiele erlaube ich mir hier anzuführen. Herr W. v. Lüdemann hat zum Exempel eine Uebersetzung des „Menschenfeind" geliefert, in der der elegante feingebildete Hofmann Philint also spricht:

> „Und wenn ein Narr nun kömmt, und Euch umarmt, Potz Velten!
> „Wollt ihr mit gleichem Preis nicht seine Müh' vergelten?"

Das „Potz Velten!" ist ein eleganter Zusatz des Uebersetzers und entspricht augenscheinlich nur dem ungemein gefühlten Bedürfniß einen Reim auf „entgelten" zu haben. Alcest's verzweifelter Ausruf:

> „Je n'y puis plus tenir, j'enrage; et mon dessein
> Est de rompre en visière à tout le genre humain."

wird im Deutschen Folgendes:

> „Ich trag' es länger nicht, und fest steht mein Entschluß,
> Ich breche mit der Welt, der Menschheit zum Verbruß."

Auch dieser letzte Zug ist, wie man sieht, deutsche Originalarbeit; ich würde folgende Variante vorschlagen:

> „Ich breche mit der Welt und geb' ihr keinen Kuß!"

In derselben ersten Scene des „Menschenfeind", ich gestehe, daß ich nicht viel mehr von dieser Uebersetzung zu lesen vermochte, beschließt Alcest seine entrüstete Anklage gegen die „Duldsamen", die nicht den Muth haben, dem Laster die schimmernde Maske abzustreifen, die selbst dem

Laster gegenüber unfähig sind jenes „urgesunden Grolls, der edle Seelen tief durchdringen muß", in folgender Weise:

„Têtebleu! ce me sont de mortelles blessures,
De voir qu'avec le vice on garde des mesures:
Et parfois il me prend des mouvements soudains
De fuir dans un désert l'approche des humains.

Diese bittere Tragik erfreut sich folgender Verdeutschung:

„Potz Wetter! das zu seh'n, das ist mein Kreuz, mein
Schmerz,
So mit der Schlechtigkeit zu buhlen allerwärts —
Und oft, mein Freund, packt's mich, mit Grimm und
Grauen,
Zur Wüste schnell zu flieh'n, die Welt nicht mehr zu
schauen.

Abgesehen davon, daß der vorletzte Vers falsch ist, auch abgesehen davon, daß man kein Menschenfeind zu sein braucht, um „mit Grimm und Grauen zur Wüste schnell zu fliehen", wenn man solche Verse und eine solche Sprache hört, scheint der Uebersetzer gar keine Ahnung von dem Charakter des Mannes zu haben, dessen rauhe Wahrheiten er in biederes Gevatterdeutsch übertragen hat. In den ersten Versen des Lustspiels gebraucht Philint unvorsichtiger weise einmal das Wort „Freund" und bei diesem Worte schnellt Alcest erzürnt auf und verbittet sich diese Liebesprädicate:

„Ich Euer Freund? Mich streicht aus Eurer Liste."

Alcest hütet sich wohl, das schöne Wort, mit dem so schnöder Mißbrauch getrieben wird, nur ein einziges Mal im Gespräche anzuwenden — aber das sind Bagatellen in ben Augen des Uebersetzers, sein Menschenfeind stubirt Humaniora und in dem Augenblicke, wo er erklärt, er wolle in die Wüste fliehen, um der Menschen elendem Treiben fern zu sein, redet er seinen Widersacher mit der größten Harmlosigkeit als „mein Freund" an.

Als mildernder Umstand mag angeführt werden, daß der Uebersetzer an der Unmöglichkeit, französische Alexandriner in deutsche Alexandriner umzugestalten, scheitern mußte. Der Alexandriner ist aber ein specifisch französisch nationales Metrum, das uns mit seiner beständigen, langweilig einförmigen Cäsur in der Mitte entschieden widerstrebt — und das hat auch Herr Carl Grunert, ein Mann, der den „Tartüffe" übersetzen wollte, wohl begriffen. Ihm ist es gar nicht in den Sinn gekommen, auf die Cäsur zu achten und zu reimen; er hat die prosaischeste Prosa gewählt, der er nur insofern eine Beschränkung angequält hat, als er sich der Mühe unterzog, nach der zehnten, resp. eilften Sylbe die Zeile abzubrechen — und das nennt er dann „fünffüßige Jamben."

Herr Carl Grunert ist ein sehr tüchtiger Schauspieler in Stuttgart; es ist zu bedauern, daß er dem Gelüste, von der verbotenen Frucht der Literatur zu naschen, ebensowenig widerstehen konnte, wie sein College Herr Löwe. Man kann ein recht guter Schauspieler und dabei doch ein recht schlechter Autor sein; Leute wie Shakespeare und Molière, oder um weniger imposante Verhältnisse zu nehmen, wie Iffland, Raimund und Ludwig Schneider sind dünn gesäet. Herr Grunert hat also, in dem guten Glauben, den „Tartüffe" zu übersetzen, 152 Seiten zehnsylbig abgehackte Prosa geliefert, (Stuttgart, bei A. Kröner 1863) schreckliche Prosa, die sich ihrer Schülerhaftigkeit und Dürftigkeit zu schämen scheint und es deshalb für gut befindet, auf den erhabenen Stelzen unmöglicher Jamben einherzuschreiten. Armer Mo= lière, was würdest Du sagen, wenn Du auf der Stutt= garter Hofbühne die folgenden Verse hörtest und wenn man Dich versicherte, daß Du ihr intellectueller Urheber seiest:

„Bei Tisch gehört ihm (Tartüffe) stets der Ehrenplatz,
Mit Freuden sieht er (Orgon) ihn (Tartüffe) die Klinge
schlagen.
— Er schlingt für sechs! — die besten Bissen legt
Er selbst ihm vor, — er stopft ihn ordentlich, —
Und wenn der Vielfraß nimmer kann, wenn er,
Zur Trommel aufgebläht, behaglich ächzend
Sich in den Sessel lümmelt, streckt und gähnt,
So schüttelt ihm der Herr mit einem warmen
„Gott segn' es" liebevoll die Hand."

Diese letzten fünf Verse sind eine zarte Umschreibung eines einzigen derben Molière'schen Verses:

„Et, s'il vient à roter, il lui dit: Dieu vous aide"

„Und wenn's ihm aufstößt, ruft er: „Wohl bekomm's!"

Das Aufstoßen erschien Herrn Grunert sehr anstößig. Er würde ohne Zweifel auch: „Wenn sich das Laster er= bricht, setzt sich die Tugend zu Tisch" in folgender Weise zu paraphrasiren für nothwendig befinden müssen: „Wenn das Laster Unwohlsein verspürt, wenn es das Bedürfniß fühlt, frische Luft zu schöpfen und sich Erleichterung zu verschaffen, so setzt sich die Tugend zu Tisch." Es ist über= haupt eine Eigenthümlichkeit der Grunert'schen Uebersetzung: sie veranständigt das Original, „aber fragt mich nur nicht wie?" Der rauschende Strom der Molière'schen Poesie, seine Fülle und Großartigkeit muß das Filtrirpapier des schwäbischen Philisteriums passiren und sickert dann als fröhliche, sittliche Nüchternheit und Mäßigkeit friedlich hindurch. Dabei lebt Herr Grunert in der rührenden Zuversicht, daß sein Spießbürgerdeutsch reiner und edler sei, als der ungestüme Humor des großen Mannes mit der Allongeperrücke! Es liegt mir sehr fern diese Illusion zu zerstören. —

Nur einen Wahn muß ich Herrn Grunert rauben, nämlich den, daß er französisch versteht! So passirt ihm unter Anderm folgende Menschlichkeit: In der sechsten Scene des ersten Actes preist der vernarrte Orgon mit bornirter Ekstase die Größe seines frommen Busenfreundes Tartüffe und fügt dann hinzu:

"Qui suit bien ses leçons goûte une paix profonde
Et comme du fumier regarde tout le monde"

also:

"Wer seinen Lehren folgt, schmeckt tiefen Frieden,
Wie Mist betrachtet der die ganze Welt."

Zunächst begeht Herr Grunert in Uebereinstimmung mit vielen andern Molière-Uebersetzern den sehr erheblichen Irrthum, daß er das "Qui", welches sich auf die Ellipse "celui" beziehen muß, von "Tartüffe" abhängig macht; er muß, um dies möglich zu machen, die Interpunction zweimal ändern, den den citirten Versen vorhergehenden Alexandriner mit einem Comma, anstatt mit einem Punkt beschließen, und hinter "leçons" ein zweites Comma einschalten, dann ist das Ding grammatikalisch möglich: |"Es ist ein Mann,] der seinen [eigenen] Lehren folgt, tiefen Seelenfrieden schmeckt und die ganze Welt wie Mist betrachtet" — dem Sinne nach bleibt es immer ein starkes Wagniß; denn erstens ist es ziemlich einfältig, einem Manne es als Verdienst anzurechnen, daß er seine eigenen Lehren befolgt, Seelenfrieden empfindet u. s. w.; und selbst Orgon's Einfältigkeit reicht nicht aus, um dies zu rechtfertigen; sodann aber, und das ist die Hauptsache, wird der ganze psychologische Bau der Orgon'schen Rede durch diese forcirte Deutung willkürlich zertrümmert.

Zunächst bewundert Orgon den Tartüffe

"C'est un homme . . . qui . . . ah! . . . un homme . . .
un homme enfin!"

Aus der Bewunderung folgt dann die allgemeine moralische Nutzanwendung:

"Qui suit bien ses leçons goûte une paix profonde
Et comme du fumier regarde tout le monde."

Und aus diesem allgemein hingestellten Grundsatze zieht endlich Orgon zu seinem speciellen Nutz' und Frommen die Lehre für sich und er fährt fort:

"Oui, je deviens tout autre avec son entretien." etc.

Ich bin bei dieser grammatikalischen Expectoration etwas lange stehen geblieben — ich wurde dazu verleitet dadurch, daß außer Herrn Grunert auch Duller und selbst Graf Baudissin diesen Irrthum begangen haben.

Hören wir nun, wie Herr Grunert die beregte Stelle übersetzt: ("Das ist ein Mann")

„Der, was er le h r t, auch th u t! — Ein tiefer Friede
Beseligt ihn; die Dinge dieser Welt
Betrachtet er wie R a u ch."

„Rauch" französisch „fumier." Verzeihung, Herr Gru=
nert, da liegt eine kleine Verwechslung vor. „Rauch" heißt
„fumée" und „fumier" bedeutet leider n ie etwas Anderes
als „Mist", „Dünger" — ich rufe die ganze Akademie
und alle Lexikographen vom großen Mozin bis zum klei=
nen Thibaut zu meinen Zeugen auf: la fumée der Rauch,
le fumier der Mist. Daß dergleichen einem Molière=Ue-
bersetzer passiren konnte, ist bitter.

Herr Grunert ist übrigens nicht nur ein Uebersetzer,
er ist ein Bearbeiter des „Tartüffe"; hätte er sich nicht
auf diesen hohen Standpunkt gestellt, so wäre es mir nicht
eingefallen, ihm mit Grammatik und Lexikon aufzu=
warten.

Wie viele Kritiker, hat auch Herr Grunert gefunden,
daß der Schlußact des „Tartüffe", das eigentliche drama=
tische „Denouement", hinter der Großartigkeit der ersten
vier Acte zurückbleibt. In diesem Punkte bin ich mit dem
Stuttgarter Uebersetzer durchaus einverstanden. Der „po=
lizeiliche Ausgang", wie ihn Goethe, der ihn übrigens ver=
theidigt, nennt, ist entschieden ein Nothbehelf. Nachdem in
vier auch technisch musterhaft gearbeiteten Acten gezeigt ist,
wie ein scheinheiliger Lump sich in das Haus und Herz
eines eigensinnigen und beschränkten Familienvaters einge=
schlichen, wie er sich dort zu befestigen gewußt hat, allmäch=
tig, unangreifbar geworden ist, wie er in dem Bewußtsein
seiner unerschütterlich festen Stellung endlich die Larve ab=
streift und im Begriff steht, den Lohn seiner verwegenen

und berechnenden Bosheit cynisch einzustreichen, kann es
nicht vollkommen befriedigen, daß dieser Gauner durch ein
ganz fremdes Element, durch die persönliche Intervention
eines edlen Fürsten an dem Triumphe seiner verbrecherischen
Pläne behindert wird. Bekanntlich tritt ein Polizeidiener
auf und erklärt, der König habe von den Schurkenstreichen
des Tartüffe Kenntniß erhalten, er vergebe dem Orgon
seine politischen Vergehen. Hieran schließt sich dann eine
Lobrede auf Ludwig XIV. und Tartüffe wird verhaftet.
Die Lösung des wunderbar geschürzten dramatischen Kno-
tens ist in der That nicht stark; und Molière selbst hat
es sicherlich empfunden. Er ist seiner eigenen Schöpfung
unterlegen; sein Werk, die colossalen ersten vier Acte, wurde
sein Meister, und die er rief, die Geister, ward er nimmer
los. Vor seinem erstaunten Blicke wuchs der Wunderbau
bis zu der schwindeligen Höhe im vierten Acte riesenhaft
empor — da verließen ihn die Kräfte. Er hatte sein
Stück bis zu dem Punkte geführt, wo das infamste Laster,
die Heuchelei, in ihrer ruchlosen Größe felsenfest dasteht.
Tartüffe ist unangreifbar vor dem Richterstuhle dieser
Welt, er besitzt, nachdem es ihm mißlungen, die Familie
moralisch zu Grunde zu richten, sichere, zuverlässige Mittel,
dieselbe physisch zu ruiniren; er ist im Besitze der Schen-
kungsacte, durch welche ihm Haus und Hof seines Wohl-
thäters zufallen — und das „von wegen Rechtens"; er besitzt ferner Papiere, die Orgon politisch compromittiren,
der leichtgläubige Mann hat ihm ja Alles anvertraut, er
denuncirt Orgon, Orgon wird verhaftet werden, und in
den Mauern des Gefängnisses verhallt die Klage und der
Ruf nach Rache. Aller menschlichen Berechnung nach wird

also, dieweil Orgon im Kerker die letzten Tage seines Lebens unter den Qualen des Gewissens, unter Verwünschungen seines greisen Leichtsinnes, unter ohnmächtigen Racheschwüren über den himmelschreienden Verrath des elenden Buben, der ihn so schändlich betrogen, jammernd beschließt und dieweil seine durch das plötzliche Elend gedemüthigte Familie, von der Mildthätigkeit alter Freunde unterstützt, Gott weiß wo und wie ihr Dasein fristet, Freundchen Tartüffe im Vollgenusse des erschwindelten Besitzthums schwelgen. Diese Consequenz ist unabweislich. Ein Schauder mußte Molière befallen, als er sich davon Rechenschaft ablegte, als er sah, was er angerichtet hatte und sich gestand: auf diesem Wege gibt's keinen Ausweg, hier bin ich am Ziele, an einem fürchterlichen Ziele angelangt.

Auf natürlichem Wege konnte er aus der Sackgasse nicht hinauskommen; er entschloß sich schnell, zur Befriedigung der Moral und Aesthetik den gordischen Knoten zu zerhauen und durch eine nicht zur Sache gehörige Instanz hienieden schon Gerechtigkeit sprechen und üben zu lassen. Daher erscheint als deus ex machina ein vom Könige gesandter Polizeibeamter, der die Sachen in Ordnung bringt, Orgon begnadigt und Tartüffe verhaftet.

Man hat diesen Ausgang oft getadelt; aber immer hat man bei der Kritik zugeben müssen: es ging schließlich nicht anders; es ist zu bedauern, aber nicht zu ändern. Man stellte dem Dichter als Milderungsgrund stets das Gebot der Nothwendigkeit zur Seite — das harte Gesetz, auf das man sich in neuester Zeit sogar zur Rechtfertigung der budgetlosen Verwaltung berufen hat. Herr Grunert meint aber, die Sache ließe sich doch ändern, bessern, und die Aufgabe, vor der Molière die Waffen streckte, er glaubte sich derselben unterziehen zu sollen.

Herr Grunert hat, bevor er zur Bühne ging, wahrscheinlich Jura studirt, gerade wie Molière, und aus der juristischen Rüstkammer holt er die verrostete Muskete, mit der er seine Heldenthat begehen will. Er stürzt den Tartüffe nicht durch den absoluten Willen des Monarchen, er begräbt ihn unter den Folianten des corpus juris.

Anstatt des Polizeibeamten erscheint bei Grunert ein Procurator des Parlaments, der um Tarlüffe zu verhaften, einer Vorlesung über Justinianisches Recht nicht entrathen zu dürfen glaubt. Der gute Mann beginnt höchst würdevoll:

> „Im achten Buche, Titel sechsundfünfzig
> Des römischen Kaiserrechts, nach dem wir richten,
> Liest man in klaren Worten: „Schenkungen
> Sind widerruflich, wenn sich der Empfänger
> Des schweren Undanks schuldig macht am Geber.“

Der Procurator (der einen Augenblick schwieg, fährt mit Ironie fort):

> „Wär' dies noch nicht genug, nun denn, so sagt
> Des neunten Buches achter Titel noch;
> . . . . .“

Was dieser Titel sagt, wird nun auch noch im fünffüßigen Jambuswortlaute mitgetheilt; ich finde aber, daß es allerdings „genug“ ist. Und Herr Grunert führt

nun noch gar mit einer wirklich himmlischen Naivetät
in einer Anmerkung aus, daß er in jure keinen Spaß
versteht, daß Alles das genau so loco citato dasteht:
„Das römische Recht, welches in Frankreich galt, bestimmte in der That (seit Justinian 530 nach Christus)
im achten Codex, Titel 56 de revocandis donationi-
bus, constitutio 10, daß Undank solche Schenkungen
widerruflich mache, und ebenso bestimmte u. s. w.“ Ich
habe den Justinian nicht nachgeschlagen, aber ich bin fest
überzeugt, daß sich die Dinge genau so verhalten, wie
der Procurator des Herrn Grunert uns das vorträgt.
Die Mittheilung ist auch ganz dankenswerth, aber ich
erlaube mir doch dem bescheidenen Wunsche Ausdruck zu
geben, daß diese gelehrte Abhandlung de revocandis do-
nationibus an einer andern Stelle erschienen wäre. Man
sucht sich doch nicht gerade ein Molière'sches Meisterwerk
aus, um an dieser geweihten Stelle seine alten Schar-
teken auszukramen.

Vor mir auf dem Pulte steht die wundervolle Büste
Molière's von Meister Houdon; mir ist's, als ob der
wehmüthige Zug, der sich um das schöne Auge zieht
in diesem Augenblicke einem mitleidigen Lächeln wiche.
Du hast's wohl nicht geahnt, alter Freund, welchen,
Nutzen Du aus Deinen Jugendstudien hättest ziehen
können? Warst doch selbst so ein Stück Advocat und gewiß nicht einer der talentlosesten, wie Deine Vorrede zum
„Tartüffe“ beweist. Hattest doch gewiß auch die Codices
und Pandecten durchstöbert, weshalb ist Dir dieses Hilfs-
mittel entgangen, und weshalb mußten zwei Jahrhunderte
fast auf Tag und Stunde verfließen, bis endlich ein

Dichter in Stuttgart das bessern sollte, was Du schlecht gemacht?

Und des Dichters sinnlich geschwungene Lippen öffnen sich und er spricht; was er spricht, will ich nicht verrathen: es steht, glaube ich, im „Menschenfeind" in der zweiten Scene: aber ich will Herrn Grunert nicht wehe thun. Er hat sich geirrt; er hätte das corpus juris, er hätte Molière ruhen lassen sollen. Die Schuld trifft nicht Herrn Grunert allein, sie trifft auch das gesammte literarisch gebildete Publicum in Deutschland, das durch seine Gleichgiltigkeit, mit welcher es Molière bisher behandelte, die Möglichkeit zu dergleichen bedauerlichen Verirrungen selbst geschaffen hat. Mit Ausnahme einer einzigen alten Uebersetzung, die im Jahre 1752 in Hamburg bei Christian Herold anonym erschien — der Vorbericht des Uebersetzers ist F. J. B. unterzeichnet — gab es bisher keine lesbare Verdeutschung des großen französischen Dichters; diese alte Ausgabe ist natürlich schon lange aus dem Verkehr verschwunden und findet sich nur noch in seltenen Exemplaren im Buchhandel.

Endlich, endlich, im vorigen Jahre erschien in Leipzig bei S. Hirzel eine echte, wirklich literarische Uebersetzung der Molière'schen Lustspiele aus der Feder eines Veteranen, der seinen Namen mit der meisterhaftesten aller Uebersetzungen, der Shakespeare-Uebersetzung von Schlegel und Tieck, schon verwoben hatte, aus der Feder des feingebildeten, sprachkundigen Grafen Wolf Baudissin. Hier haben wir es mit einer ernsten, werthvollen, wirklich schriftstellerischen Arbeit zu thun, welche wesentlich dazu beitragen wird, die Molière'schen Meisterwerke in würdiger Weise in Deutschland bekannt, d. h. beliebt zu machen. Sainte-Beuve sagte einmal: Molière gewinnt in jedem Menschen, der lesen lernt, einen neuen Leser; und das ist richtig für Frankreich. Wenn auch dieser Ausspruch in Deutschland wohl niemals zur Wahrheit werden wird, so darf man jetzt, nach der Baudissin'schen Uebersetzung, nicht mehr zweifeln, daß bald ein jeder gebildete Deutsche von den Molière'schen Lustspielen etwas mehr kennt, als den Titel und im günstigen Falle den summarischen Inhalt. Baudissin hat durch diese Arbeit, die sich unsern besten Werken in der Uebersetzungsliteratur würdig anschließt, Anspruch auf den Dank aller Gebildeten erworben, vornehmlich auf den Dank aller Derer, welche durch Förderung des internationalen Verkehrs auf dem über alle Parteiungen erhabenen neutralen Gebiete der Geistesarbeit die politischen Vorurtheile der Nationen zu beseitigen bestrebt sind. Baudissin hat nicht nur eine literarisch bedeutende Arbeit geliefert, er hat eine gute national deutsche That gethan; er hat bewiesen, daß sich auch in Deutschland ein Mann finden kann, der dem großen Fremdling ein warmes Herz, ein liebevolles Verständniß entgegenbringt; er hat bewiesen, daß auch ein Molière in Deutschland möglich ist. Ich kann mich hier auf eine eingehende Besprechung der Uebersetzung von Wolf Baudissin nicht einlassen; der mir gegönnte Raum ist fast gefüllt; ich muß es bei dieser allgemeinen Charakterisirung bewenden lassen und verweise für alle Einzelnheiten auf das Werk selbst, von dem die ersten beiden Bände die Presse verlaffen haben, der dritte und letzte demnächst erſcheinen wird.

Daß das Werk, ſo bedeutend es iſt, der Kritik dennoch das Wort nicht gänzlich entzieht, verſteht ſich von ſelbſt. Vollkommen iſt ja nichts auf dieſer Welt und Heine klagte ſchon mit Recht:

„Im ſüßen Lied iſt oft ein ſaurer Reim,
Wie Bienenſtachel ſteckt im Honigſeim,
Am Fuß verwundbar war der Sohn der Thetis.
Und Alexander Dumas iſt ein Metis.“

Ueber die „ſauern Reime“ hat man ſich bei Baudiſſin nun allerdings nicht zu beklagen; er iſt verſtändig genug geweſen, dieſen Sclaven, der gehorchen ſoll, aber oft unberufen ſich zum Herrn macht, zu verabſchieden. Den Alexandriner, der ein gebildetes deutſches Ohr auf die Dauer raſend macht, hat er durch deſſen natürlichen Erſatzmann, den fünffüßigen Jambus remplacirt. Und es ſind wirklich Jamben, nicht nur dem Metrum und der Sylbenzahl nach. Man höre, wie z. B. Alceſt den ſchreibſeligen Marquis Oront abfertigt:

„Iſt’s denn ſo bringend nöthig, daß ihr reimt?
Und wer, zum Henker, drängt Euch, Eure Verſe
Gedruckt zu ſehn? Ein ſchlechtes Buch iſt nur
Verzeihlich, wenn der Autor ſchrieb um’s Brod.
Glaubt mir, ſeid ſtandhaft gegen die Verſuchung;
Bringt Eure Muſe nicht in’s Publicum!
Und gebt den würd’gen Namen, den Ihr tragt,
Nicht hin, um aus des Druckers feiler Hand
Hervorzugehn mit jenem eines ſchlechten
Und lächerlichen Autors . . . .
. . . . der bilderreiche Stil,

Mit dem man jetzt sich aufputzt, klingt gespreizt,
Und fern von aller Wahrheit und Natur,
Getändel ist's und leere Ziererei;
So sprach noch nie ein wirkliches Gefühl!"

Ich habe diese Stelle absichtlich gewählt, nicht etwa,
um diese auch heute noch vollgiltigen Wahrheiten den
Unberufenen vorzuhalten, sondern, weil sie überhaupt für
die Baudissinsche Uebersetzungsweise charakteristisch ist.
Der Text des Originales ist treu und gewissenhaft in
Ehren gehalten, die Sprache ist fließend, die Verse sind
leicht, glatt — ja, vielleicht zu glatt, zu modern. Es
hätte nichts geschadet, wenn hie und da eine markige
Unebenheit eingestreut wäre, eine nicht ganz correcte,
aber energische Wendung, wie man sie bei Molière so
häufig findet, die uns daran gemahnt hätte, daß das
Original vor ausgeschlagenen zweihundert Jahren entstand.

Auch die Treue hat Baudissin zu einigen Fehlgriffen,
wie mir scheint, veranlaßt. Er glaubt z. B. sämmtliche Namen
in französischem Original unverändert beibehalten zu sollen,
und das ist oft nicht ganz passend. Z. B. in den „Preziösen"
läßt er den beiden überspannten Frauenzimmern, die so recht
echte bürgerliche, kleinstädtische Namen tragen müssen, ihre französischen Taufnamen: Cathos und Madelon. Im Deutschen
klingt das ganz anders; wenigstens auf mich macht der Name
„Cathos" in unserer Sprache einen sehr aristokratischen Eindruck, und das soll er durchaus nicht. Ich würde mich
nicht besonnen haben, in diesem Falle wörtlich „Käth-
chen" und „Lenchen", oder „Kathi" und „Lena", wie
man am Oberrhein sagt, zu übersetzen. Allerdings bin
ich der Ansicht, daß man nur, wenn es geboten ist,

dergleichen Verdeutschungen vornehmen darf und ich finde es — um das gleich hinzuzufügen — durchaus gerecht- fertigt, daß Baudissin auf Wiedergabe des Dialekts ganz verzichtet hat.

Ernstere Bedenken erregt es, daß Baudissin die chro- nologische Reihenfolge nicht eingehalten hat. Ich habe mich darüber an einer andern Stelle ausgesprochen und will das Gesagte hier nicht wiederholen, um so weniger, als sich dem Autor bei einer hoffentlich bald erforder- lichen zweiten Auflage Gelegenheit bieten wird, die Stücke in der Reihenfolge, wie sie entstanden sind, folgen zu lassen. Und das ist nothwendig, denn es ist gleichzeitig ein Dichterleben, wie es in trockenen Daten nicht leben- diger, nicht ergreifender geschildert werden kann.

Wir sehen erst den Schüler den italienischen Vor- bildern knechtisch nacharbeiten -- „L'Etourdi"; dann ein schüchterner eigener Versuch, in die Uebersetzung episo- disch eingeschaltet: „Le dépit amoureux." Molière geht nach Paris, die Verschrobenheit der literarischen Schön- geister reizt seine Satire; er begreift, daß hier das Lustspiel seinen eigentlichen Beruf zu suchen hat, und diese Erkenntniß erzeugt „Les précieuses ridicules"; er wird kühner, er greift die thörichte Menschheit bei ihren großen, traurigen Lächerlichkeiten an, bei der schwachen Seite, an der er selbst leidet, und im Begriff, sich als fast alter Mann mit einem leichtsinnigen Kinde zu ver- mählen, schreibt er: „L'école des maris"; der Zauber der lustigen Flitterwochen lagert über dem ausgelassenen Schwanke „Les Fâcheux"; aber der heitere Himmel trübt sich bald. Sein leichtsinniges Weib macht ihn namenlos unglücklich; ihr

kann er nicht zürnen, wohl aber grollt er seinem unseligen
verspäteten Liebeswahnsinn, und so entsteht „L'école des
femmes.“ Ein finsterer Mißmuth überfällt ihn, wenn er
um sich schaut. Er lebt am Hofe, er sieht die Verderbtheit,
die Lüge, die schale Schmeichelei, den frevlen Leichtsinn der
glänzenden Aristokratie, die nichts lernen will und noch nichts
zu vergessen hat. Diese Corruption muß sich rächen — Tapp,
tapp, tapp — der steinerne Gast der Revolution ergreift die
Hand des ruchlosen „Don Juan“, die Erde öffnet sich und
verschlingt ihn. Dieselbe Vorahnung der Katastrophe findet
im „Misanthrope“ einen ergreifend beredten Ausdruck. Alcest flieht dieses frevelhaft sündige Treiben,

„Pour chercher sur la terre endroit écarté,
Où d'être homme d'honneur on ait la liberté.“

Der Dichter ist auf seinem Höhepunkt angelangt, der
„Tartüffe“ ist schon geschrieben, „Amphitryon“ und der „Gei-
zige“ folgen schnell und endlich, nach einigen herrlichen Humo-
resken, entsteht am Abende seines Lebens das vielleicht beste,
wenn auch nicht gerade wirksamste Lustspiel: „Die gelehrten
Frauen.“ Des Dichters Kräfte schwinden, er fühlt, es naht
der Tod; da schreibt der Satiriker: „Den Kranken in der
Einbildung“ und stirbt.

La farce est jouée.

Arnold Hilberg's Verlag in Wien.

Internationale Revue.

Monatsschrift
für das gesammte geistige Leben und Streben der außerdeutschen Culturwelt.

In Heften von 10 Bogen
größtes Lexiconoctav, doppelspaltig, auf Velinpapier. Nebst Beilagen.
Subscriptionspreis für das Heft 1 Thlr. oder
fl. 1.50 kr. ö. W.
Sechs Hefte bilden einen Band, dem ein Registerheft unentgeltlich nachgeliefert wird.

Jeden Monat ein Heft.
Jede Buchhandlung und Postanstalt nimmt Bestellungen entgegen.

Mitarbeiter:
(Fünftes Verzeichniß.)
In alphabetischer Reihenfolge.

Herr Dr. W. Addison in London.
Frau Gräfin d'Agoult in Paris.
Herr Friedrich Althaus in London.
„ G. Arnold in Nürnberg.
„ Emmerich Augener in Cassel.
„ Ludwig Bamberger in Paris.
„ Dr. W. F. A. Bernauer in Dresden.
„ Arthur W. Benni in Paris.
„ Moriz Reichsgrf. zu Bentheim-Tecklenburg in Würzburg.
„ Thalès Bernard in Paris.
„ Dr. H. Beta in Berlin.
„ Dr. Ernst Freiherr v. Bibra in Nürnberg.
„ Prof. Dr. Herm. Bischoff in Graz.

Herr Dr. M. Block in Paris.

„ Prof. Dr. J. C. Blnulschli in Heidelberg.

„ Prof. Dr. Friedrich Bodenstedt in München.

„ Legationssecretär Dr. Emil v. Borchgrave im Haag.

„ Edgar A. Bowring, Esq. in London.

„ *Udo Brachvogel in New-York.

„ Prof. Dr. Th. Bralrunck in Krakau.

„ Dr. Aurelio Buddeus in Frankfurt a. M.

Frau Julie Burow in Bromberg.

Herr Legationssecretär Dr. C. Carathéodory in Berlin.

„ Henry Caren in Philadelphia.

„ *B. v. Carneri in Marburg.

„ Prof. Dr. Moriz Carriere in München.

„ Dr. Alfred Carstens in Paris.

„ Graf v. Charnacé in Paris.

„ Dr. Wilhelm Clans in Stettin.

„ Prof Dr. Conleen in Würzburg.

„ Professor Julius Dallos in Pest.

„ Dr. M. Dankenberg in Brüssel.

„ Dr. Rud. Döha in Dresden.

„ Dr. Alph. v. Domin-Petrushevecs in Wien.

„ *Dr H. Dörgens in Heidelberg.

„ F. Dranmor in Rio de Janeiro.

„ Dr. C. Dühring in Berlin.

„ Victoire Duret in Wien.

„ Prof. Dr. Adolphe Ebeling in Paris.

„ Dr. A. Emminghaus in Carlsruhe.

„ Friedr. Engels in Manchester.

„ Prof. R. J. Falb in Graz.

„ Dr. Johann Fastenrath in Köln.

„ M. A. Feierabend in Luzern.

„ Gustav Fritsch in Constantinopel.

„ *J. Fürstenhagen in London.

„ Prof Dr. J. Galliffe in Genf.

„ Prof. Dr. Ludwig Ganller in Stuttgart.

„ Friedrich Gerstäcker in Gotha.

„ Otto Glagau in Berlin.

Frln. Claire von Glümer in Dresden.

Herr Bogumil Golz in Thorn.

„ Dr. Hermann Grieben in Köln.

„ J. Gudra in Wien.

„ Dr. Otto Gumprecht in Berlin.

„ Prof. Dr. Robert Hamerling in Graz.

„ Dr. Friedrich Harder in Genf.

Herr Alfred Hartmann in Solothurn.
„ Leo Härzberg-Fränkel in Brody.
„ Hofrath Prof. Dr. J. Held in Würzburg.
„ Ferdinand Heller v Hellwald in Wien.
„ Otto Henne Am-Rhyn in St G llen.
„ *Prof. Dr. Ant. Henne in St. Gallen.
„ Prof. Dr. Hermann Hettner in Dresden.
„ Prof. Dr. Franz Hoffmann in Würzburg.
„ Dr. J. J. Honegger in Zürich.
„ Dr. J. E. Horn in Paris.
„ *Prof Dr. J. Huber in München.
„ Dr. Wilhelm Jordan in Frankfurt a. M.
„ Frau Julie Baronin v. Jósika in Dresden.
Herr Dr. A. Kanitz in Wien.
„ Dr. Siegfried Kapper in Prag.
„ E. Kallner in Berlin.
„ Karl Keck in Aistersbaim.
„ Dr. H. Keferstein in Dresden.
„ Dr. O. Kersten in Altenburg.
„ K. M. Kertbeny in Brüssel.
„ Justizrath Dr. Theodor Kind in Leipzig.
„ A. Klautsch in Brandenburg.
„ J. G. Kohl in Bremen.
„ Sigmund Kolisch in Paris.
„ Fr. Kreyssig in Elbing.
„ Wilhelm Krigar in Charlottenburg.
„ Prof. Emil Kuh in Wien.
„ Prof. Dr. Heinrich Kurz in Aarau.
„ Dr. Hermann Kurz in Tübingen.
„ W. Lampmann in Genf.
„ Dr. Thaddäus Lau in Frankfurt a. M.
„ Dr. Karl Lemcke in Heidelberg.
„ Prof. Dr Ludwig Lemcke in Marburg.
„ Dr. Hermann Lessing in Berlin.
„ Dr. Arthur Levysohn in Paris.
„ Paul Lindau in Elberfeld.
„ Dr. Edmund Lobedanz in Kopenhagen.
„ A. Freiherr v. Loën in Dessau.
„ Dr. E. v. Lützow in Wien.
„ Staatsrath Prof. Dr. J. H. v. Mädler in Bonn.
„ Dr Karl Marx in London.
Frau Elpis Melena in Rom.
Herr Dr. Bona Meyer in Berlin.
„ Achille Millien in Beaumont-la-Ferrière.

Herr Dr. S. Mosenthal in Wien.

„ Prof. Adolf Mussafia in Wien.

„ Hermann Neumann in Neisse.

„ Dr. H. B. Oppenheim in Stuttgart.

„ Eduard Pelz in Hamburg.

„ Prof. Dr. Eugène Peschier in Genf.

„ Friedrich Carl Peterssen in Paris.

„ Prof. Dr. Alexander Petzholdt in Dorpat.

Frau Elise Polko in Minden.

„ Achille Poincelot in Paris.

Herr Dr. Gustav Rasch in Berlin.

„ Prof. Dr. K. A. Freiherr von Reichlin Meldegg in Heidelberg.

„ Dr. H. Rentzsch in Dresden.

„ Dr. Julius Rodenberg in Berlin.

„ Prof. Dr. E. Rochholz in Aarau.

„ Karl Russ in Berlin.

„ Obristbrigadier W. v. Rüstow in Zürich.

„ Dr Leopold Ritter v. Sacher-Masoch in Graz.

Frln. Alice Salzbrunn in Düsseldorf.

Herr Dr. Max Schasler in Berlin.

„ Edouard Scheffler in Paris.

„ Prof. Dr. Johannes Scherr in Zürich.

„ Ministerialrath Dr. Karl Ritter v. Scherzer in Wien.

„ Dr. Gustav Schmoller in Halle.

„ Dr. Schütz in Worms.

„ Eugène Seinguerlet in Heidelberg.

„ Jegór v. Sivers in Wolmar.

„ *Prof. Dr Anton Springer in Bonn.

„ Major J. R. Staaf, k. schwed. Attaché in Paris.

„ Prof. Dr. Adolph Stahr in Berlin.

„ Dr. Adolph Stamm in Wien.

„ A. Freih. von Stifft in Wien.

„ Dr. Theodor Sträter in Berlin.

„ Emil Straube in Stockholm

„ Max Sulzberger in Brüssel.

„ Friedrich Szarvady in Paris.

„ Hermann Teisler in Wien.

„ Alfred Teniers in Wien.

„ Dr. E. Trautwein von Belle in Berlin.

„ Prof. Dr. H. v. Treitschke in Freiburg.

„ Hofrath Prof. Dr. Urlichs in Würzburg.

„ Prof. Dr. Herm. Vambéry in Pest.

„ Sigmund Ockew in Melbourne.

Herr Ladislaus Videky in Bahia.
„ Gisbert Freiherr von Vincke in Frankfurt a. M.
„ Prof. Dr. Friedr. Th. Vischer in Zürich.
„ Dr. Carl Vogt in Genf.
„ Dr. Emil Vogt in Bern.
„ Dr. Feodor Wehl in Dresden.
„ Alexander Weill in Paris.
„ A. C. von Wiesner in Rzeszow.
„ A. von Winterfeld in Berlin.
„ Prof. Dr. Karl Witte in Halle.
„ Dr. Alfred Woltmann in Berlin.
„ Johann von Xántus in Raab.
„ Dr. Edmund Zoller in Stuttgart.

Inhalt des ersten Heftes:

Schatten!) Gedicht, vlämisch und deutsch, von M. Daußenberg.

Des zweiten Heftes:

Erste Abtheilung. Die Mythologie und Volkspoesie der Slaven, von Moriz Carriere. — Massimo d'Azeglio als Künstler und Romanschreiber, von Karl Witte. — Das geistige Leben im heutigen Elsaß, von E. Trauttwein v. Belle. — Die neugriechische Volkspoesie und das classische Alterthum, von E. Carathéodory. — Himmelskunde der Briten, von J. H. v. Mädler. — Die baltischen Urvölker im Verhältniß zu den Deutschen und Russen, von Aurelio Buddeus. — Das Heerwesen der wichtigsten europäischen Staaten außerhalb Deutschlands, von W. v. Rüstow. — Der Scandinavismus, von E. Lobedanz. — Ueber Colonisation in Ost-Africa, von O. Kersten. — Kirchliches Leben und kirchliche Zustände in der Schweiz, von Otto Henne am Rhyn.

Zweite Abtheilung. Literaturbriefe aus Frankreich, von F. C. Petersben. — Pariser Plaudereien, von Graf v. Charnacée. — Genfer Literaturbriefe, von Eugène Peschier. — Briefe aus Constantinopel, von Gustav Fritsch.

Dritte Abtheilung. Faust und Hamlet, von C. A. Freiherrn von Reichlin-Meldegg. — Die Beziehungen zwischen Kunst und Gewerbe in Frankreich, von M. Block. — Auch eine Stambulfahrt, von Alfred Teniers. — Die Genesis des gegenwärtigen Krieges in Südamerika, von O. Schüß. — Achille Million, „Musettes et Clairons", von J. J. Honegger.

Vierte Abtheilung. Die Deutschen in den „lustigen Weibern von Windsor", von Hermann Kurz. — Madegassische Lieder, von Gisbert Freiherrn von Vincke.

Des dritten Heftes:

Erste Abtheilung. Die französische Lyrik von 1830—1848, von J. J. Honegger. — Der Zusammenhang der englischen, französischen und deutschen Aufklärung, von Thaddäus Lau. — Die Mythologie und Volkspoesie der Slaven, von Moriz Carriere. — Die neugriechische Volkspoesie und das classische Alterthum, von E. Carathéodory. — Die Garantien der Freiheit, von H. B. Oppenheim. — Rom und die Düsseldorfer Malerschule, von Hermann Neumann. — Die Zu-

Des vierten Heftes: